어머니

권오견 연작 시집

어머니

한강

서문

최광호 | 문학공간 주간, 시인

　권오견 시인이 금번에 상재한 연작 시집 『어머니』는 어머니에 대한 그리움을 바탕으로 한 삶에 대한 진솔한 자기 고백의 시들이 주류를 이루고 있다. 이런 그의 시가 감동을 주는 것은 언어 이전의 삶에 대한 성찰을 형상화하고 있기 때문이다.
　시인은 어머니에 대한 기억과 그것에 대한 자기 고백을 통해서 삶 자체를 시로 형상화하되, 그가 잊지 않고 시의 언어 속에 각인시키고자 하는 것은 참된 삶에의 의지와 진정성에 관한 문제이기에 독자는 감동스럽게 읽을 수 있는 것이다.

권오견 시인은 더러 어머니에 대한 또는 자기에 대한 연민에 집착하기도 하지만, 소외된 현대인이 갈구해 마지않는 대상이자 현대의 잃어버린 고향에 대하여, 또 자신이 보고 느끼는 즉물적인 현실에 대하여 주저함이 없이 사유하고 있다. 여기에서 권오견 연작 시집 『어머니』의 시 미학적 지향점이 존재한다 하겠다.

　정갈한 빛/ 안으로 묻어 두고/ 긴 생애를 거느린/ 놋그릇/ 비어 있으면서/ 늘 충만한/ 어머니의 공간/ 밥상 앞에 마주 앉으면/ 깜깜하게 빈 나를/ 가득 채우는/ 놋그릇/ 천년을 숨 쉬고 있다
　　　　　　　　　　　―〈어머니·1-놋그릇〉 전문

　권오견 시인은 자신의 일상적 삶과 추억과 그리움을 고스란히 행간에 순환시켜 의미를 확충함으로써 서정성을 담보하고 있다.
　어머니를 향한 그리움은 생의 종점을 감지해야 하는 나이에 이른 시인에게 내면에서의 성찰을 이끌어 내며 삶의 본질을 깨닫게 하며 다시금 소

중한 어머니의 사랑을 재인식하게 한다.

　조상의 혼이 서린/ 황토의 질량으로 빚어져/ 투박한 목숨으로 태어난 촌부/ 속은 비었어도/ 언제나 충만한 본성 때문에/ 지나가는 바람도/ 통정하듯 얼굴 묻는다/ 꽃 피는 계절에/ 다투어 시샘하는 절정의 뒷전에서/ 흙김에 젖어/ 들꽃 닮은 운명으로 피었다 할지라도/ 세월이 갈수록/ 더 진하게 퍼지는 향내/ 역사가 수천 번 절벽으로 갈라져도/ 중심이 무너지지 않는 가문을 지키며/ 생존하는 비법은 무엇인가/ 우주를 가득 담아/ 일월을 다스리며/ 별빛 한 줄기 그냥 떠나보내지 않고/ 품 안의 자식처럼/ 곱게 곱게 키우더니/ 그 모습 그대로 남겨 두고/ 깨끗하게 가셨네
　　　　　　　─〈어머니·14-항아리〉 전문

　시인이 시적 대상인 '항아리'를 보는 시선은 사물의 현상 가능성에 대한 자기화이다. 다시 말해서 시인은 항아리를 통해 생명의 원리를 언어에 각인시킨다. 바로 자연의 순리를 통해 삶의 원

형을 형상화하고 시로 직조함으로써 시인 자신의 존재적 가치를 성찰하려 하고 있다.

> 목화밭 하얗다/ 조선의 얼을 품고 살으셨기/ 하얗게 핀다/ 말라 비틀어진 당신의 줄기에/ 혼으로 피는 목화 송이/ 저승꽃 검푸르게 번진 당신의 얼굴/ 이맘때쯤이면/ 더욱 환하다
> ―〈어머니·63-목화밭〉 전문

목화밭은 시인에게 있어 순결한 모성인 동시에 고향의 따뜻함으로 기억된다. 어머니가 계신 고향은 동심의 세계를 가꾸는 곳이며, 그곳은 평화로운 공간으로 상정된다.

도시의 각박한 현실 속에서도 자신의 삶을 올곧게 유지할 수 있었던 것도 다 따지고 보면 어머니가 계신 고향의 하늘과 산과 시냇물 덕분이다. 고향은 시인의 영혼을 지배하는 하나의 상징이자 이상향이다. 이처럼 고향의 본원적 가치는 시인의 의미 부여 작용을 통해서 새롭게 변용 변주되어 우리를 위무한다.

권오견 시인의 고향은 구체화된 하나의 실체인 어머니와도 같다. 어머니는 시인 자신의 존재론적 고향인 것이다. 어머니는 모든 가치를 넘어선 가장 궁극적인 고향이다.

 사랑도 물질적 가치로 환원시키는 시대에, 권오견 시인은 세상 가득 사랑을 흩뿌리고자 현대의 잃어버린 고향을 그리워하며 노래하고 있으며, 이는 어머니의 사랑과 결부된 고결한 인간애의 원형질에 대한 근원적 물음인 것이다.

2013년 12월에
문학공간사에서

시인의 말

연작 시집 『어머니』를 펴내면서

  수없이 넘어지고 일어서고 끊어졌다 이어진 당신의 생애, 그 흔적 저세상 가서도 일월과 함께 환하게 비쳐 옵니다.

  빛, 흙, 산소, 꽃, 길, 하늘, 새, 나무, 들, 연못, 산들과 함께 식구로 살았던 지난날의 사연이 당신의 공간에 자막처럼 흘러갑니다.

  생전의 당신 모습과 혼을 이 시집에 담아 삼가 올립니다. 헤아릴 수 없는 은혜에 티끌만큼의 보람이라도 되기를 늦게나마 소망합니다.

  평생 따라붙었던 한과 북받치는 설움을 참고

견디며 사셨던 소박하고 아름다운 삶의 향기가 내 가슴에 늘 서려 있습니다.

이 땅의 어머니로 자식으로 살아가는 동안 졸작인 제 시를 읽고 조그만치의 위로가 된다면 큰 영광으로 생각하겠습니다.

영원한 어머니 편히 쉬소서.

2014년 1월에
권오건

권오견 연작 시집 **어머니**

▫ 서문 | 최광호
▫ 시인의 말

제1부 편지

어머니 · 1—놋그릇 —— 19
어머니 · 2—조선낫 —— 20
어머니 · 3—껍데기로 사는 사람들 —— 21
어머니 · 4—이슬 —— 22
어머니 · 5—일대기 —— 23
어머니 · 6—편지 —— 24
어머니 · 7—백김치 —— 25
어머니 · 8—앉은뱅이꽃 —— 26
어머니 · 9—풀밭에서 —— 27
어머니 · 10—고등어 —— 28
어머니 · 11—길 —— 29
어머니 · 12—수수밭 —— 30
어머니 · 13—문턱 —— 31
어머니 · 14—항아리 —— 32

어머니 　　　　　　　　　　　　　권오견 연작 시집

34 ─── 어머니·15─우물
35 ─── 어머니·16─맨발
37 ─── 어머니·17─변신
38 ─── 어머니·18─겨울 한복판에서
39 ─── 어머니·19─칼
40 ─── 어머니·20─감꽃 필 무렵

제2부 밥상을 위하여

43 ─── 어머니·21─노을 질 무렵
44 ─── 어머니·22─달아 달아
45 ─── 어머니·23─귀의
46 ─── 어머니·24─호박꽃
47 ─── 어머니·25─밥상을 위하여
49 ─── 어머니·26─수수께끼
50 ─── 어머니·27─박꽃
52 ─── 어머니·28─산
54 ─── 어머니·29─봉선화
55 ─── 어머니·30─가을의 소리

권오견 연작 시집 **어머니**

어머니 · 31 — 재생 —— 56
어머니 · 32 — 흔적 —— 57
어머니 · 33 — 덤으로 산다 —— 59
어머니 · 34 — 형님의 들판 —— 61
어머니 · 35 — 파꽃 —— 63
어머니 · 36 — 초승달 —— 64
어머니 · 37 — 폭설 —— 65
어머니 · 38 — 산나물 —— 67
어머니 · 39 — 궁합이 맞다 —— 68
어머니 · 40 — 난과 나 사이 —— 69

제3부 물레

어머니 · 41 — 바느질 —— 73
어머니 · 42 — 고운사 가는 길 —— 74
어머니 · 43 — 후회 —— 75
어머니 · 44 — 고향 옛집 —— 76
어머니 · 45 — 물레 —— 78
어머니 · 46 — 의자 —— 79

어머니 　　　　　　　　　　　　　권오견 연작 시집

80 ──── 어머니·47―시인의 나라
81 ──── 어머니·48―산골역
82 ──── 어머니·49―무명 한복 갈아입고
83 ──── 어머니·50―유언
84 ──── 어머니·51―불씨 한 점
85 ──── 어머니·52―대숲
86 ──── 어머니·53―겨울 잔해
88 ──── 어머니·54―포도밭에서
90 ──── 어머니·55―봄밤
91 ──── 어머니·56―갈대
92 ──── 어머니·57―산개울
93 ──── 어머니·58―근황
95 ──── 어머니·59―장날
97 ──── 어머니·60―부엌에서

제4부 누에의 길

101 ──── 어머니·61―찔레꽃
102 ──── 어머니·62―장독대

권오견 연작 시집 **어머니**

어머니 · 63 — 목화밭 ——— 103
어머니 · 64 — 거미와 나 ——— 104
어머니 · 65 — 빈자리 ——— 105
어머니 · 66 — 봄 텃밭 ——— 106
어머니 · 67 — 여름 텃밭 ——— 108
어머니 · 68 — 가을 텃밭 ——— 110
어머니 · 69 — 겨울 텃밭 ——— 111
어머니 · 70 — 누에의 길 ——— 112
어머니 · 71 — 빛입니까 불심입니까 ——— 113
어머니 · 72 — 농무 ——— 115
어머니 · 73 — 청바위에 팔다 ——— 117
어머니 · 74 — 가슴에 와 닿는 길 ——— 119
어머니 · 75 — 수묵화 ——— 121
어머니 · 76 — 봄비 ——— 122
어머니 · 77 — 보금자리 ——— 123
어머니 · 78 — 멱을 감으면서 ——— 124
어머니 · 79 — 어린 참새를 위하여 ——— 125
어머니 · 80 — 연못 ——— 127

제1부 편지

세상일 다 끝내고
떠나는 당신
생전의 모습보다
더 아름답습니다

어머니 · 1
―놋그릇

정갈한 빛
안으로 묻어 두고
긴 생애를 거느린
놋그릇
비어 있으면서
늘 충만한
어머니의 공간
밥상 앞에 마주 앉으면
깜깜하게 빈 나를
가득 채우는
놋그릇
천년을 숨 쉬고 있다

어머니·2
—조선낫

낫을 간다
숫돌에다 쓱싹쓱싹 낫을 간다
날이 설 때까지
날은 단 한 줄기
푸르스름한 빛으로 일어선다
풀밭을 깎고 벼를 베고
단단하여 이가 무르지 않는 조선낫
당신의 길
생을 쌓는 빛나는 길

어머니 · 3
―껍데기로 사는 사람들

늦가을 논갈이 한 후
보리 씨앗을 뿌렸다
긴 겨울 살얼음 밑창 고랑마다
파릇파릇하게 숨 쉬는 흔적
보릿고개를 넘는 사람들
가슴 밑바닥엔
늘 푸른 빛이 서려 있다
거칠게 패는 이삭
껍데기로 사는 사람들
오월의 보리밭
자양분이 가득한
들판으로 넘실거린다

어머니 · 4
―이슬

풀섶에 맺힌 이슬

떨어질 듯 매달린 한 방울

일월이 드나드는 둥근 우주

내게도 길 하나

환하게 열어 준다

어머니·5
―일대기

피는 꽃보다
지는 잎이 아름답습니다
세상일 다 끝내고
떠나는 당신
생전의 모습보다
더 아름답습니다
가랑잎 한 잎
동행합니다
의연하고 깨끗한
저 일대기

어머니 · 6
―편지

눈발이 날린다
자막처럼 흘러가는 세월의 한 토막
너희들 어릴 적
손바닥에 놓인 보석이었다
빛이었다
세월 따라 높아진 문지방 너머
사이버 세상으로 가 버렸나
그리움의 끄트머리 하늘 멀리서
여린 숨결 앞세우고
오늘은 눈송이로 사박사박 다가오는구나
이끼 낀 내 생애의 캄캄한 밑바닥에
눈발이 쌓이고 있다
빛이 쌓이고 있다

어머니·7
―백김치

뜨락 밑
마당 한구석
흙속 깊이 묻힌
투박한 항아리 속에서
통째로 꺼낸 백김치 한 포기
배추밭에서 살아 숨쉬는 그대로
포르스름하고 노랗게 익은
어머니 손끝에서 피어난 미각
실핏줄에 번져 오는 향내여
겨울 한복판 깊은 골짜기
쌓이고 쌓인 얼음장 아래
시들고 때묻은 내 정신
몇 며칠 담갔다 꺼내면
감칠맛 도는 시 한 편
탄생할 수 있을까

어머니·8
―앉은뱅이꽃

들길에 피어난 앉은뱅이꽃들
삶이 고단하여 주저앉았을까
숨은 쉬고 있는지
누가 불러 준 이름인가
노란 것은 더욱 노랗고
빨간 것은 더욱 빨갛게 피는 꽃
꽃술에 잠시 쉬었다 가는 나비
매무새를 고친다 끈끈한 정을 통했나
척박한 땅 아무 데서나
솜털 뿌리 한 가닥만 내려도
서러움을 걸러 내고
야성으로 피는 억센 꽃
바닥으로 살아온 사람들만이
명작으로 읽을 수 있다
앉은뱅이꽃의 일대기를

어머니 · 9
―풀밭에서

여름날 땅거미가 내릴 무렵
풀밭에 누워 본다
새들은 허공의 길을
풀밭에다 내려놓는다
별들은 풀밭인 줄 알고
내 가슴속으로 내려앉는다
가슴이 따뜻한 풀밭
새들은 두 발을 묻고
별들은 혼을 묻는다

어머니 · 10
― 고등어

장날 어판대에
고등어 올라와 있다
시퍼런 물살이 따라왔는지
아직도 등줄기가 축축하다
동그랗게 열린 눈동자 속엔
하늘이 그대로 고여 있다
넓고 깊은 동해 바다의 꿈에
푹 젖어 있을까
몸은 사라지고 가시만 남아
날카롭게 찍어 대거든
불바다를 헤엄쳐라
가시 나래로 헤엄쳐라
물길을 다시 만나리라

어머니 · 11
―길

나뭇가지에 걸어 놓은 새의 길
잎사귀에 숨어 사는 청개구리의 길
길고 가느다란 개미의 흙길
등잔불 켜지는 저녁이면
지붕 추녀 끝
감나무 잎새
돌담 아래 틈새
길들은 당신의 공간으로 모여들고 있다
영혼의 불빛도 꺼지고
고요가 쌓이면
길은 하루를 접고
당신의 품속에서
또아리를 튼다

어머니 · 12
―수수밭

들판 가운데 수수밭
훤칠하고 시원스럽다

가지도 없는 홑몸 한 줄기
여름내 쉴 새 없이
하늘로 오르는 키 큰 수숫대

앞만 보고 달리는 사람들
어느새 내 키를 훌쩍 넘고
사람들의 희망을 뛰어넘었다

가을볕에 꽃술 피워 올린 붉은 수수밭
일박하고 싶은 곳
귀갓길 저문 참새 떼들
우르르 내려앉는다

어머니 · 13
―문턱

내 나이 이토록 들 때까지
문턱을 넘나들며 살고 있다
앞산자락에 흥건히 피어난
진달래 꽃빛
산개울 건넛 마을로 번진다
뒤뜰 살구나무 꽃봉오리 속을
바쁘게 드나드는 봉접들
앞산에도 살구나무에도
문턱을 찾을 수가 없다
나를 금 그어 놓은
문턱을 내려놓고
가고 싶은 길 보고 싶은 세상
언제쯤 마음대로 드나들 수 있을까

어머니·14
―항아리

조상의 혼이 서린
황토의 질량으로 빚어져
투박한 목숨으로 태어난 촌부
속은 비었어도
언제나 충만한 본성 때문에
지나가는 바람도
통정하듯 얼굴 묻는다
꽃 피는 계절에
다투어 시샘하는 절정의 뒷전에서
흙김에 젖어
들꽃 닮은 운명으로 피었다 할지라도
세월이 갈수록
더 진하게 퍼지는 향내
역사가 수천 번 절벽으로 갈라져도
중심이 무너지지 않는 가문을 지키며

생존하는 비법은 무엇인가
우주를 가득 담아
일월을 다스리며
별빛 한 줄기 그냥 떠나보내지 않고
품 안의 자식처럼
곱게 곱게 키우더니
그 모습 그대로 남겨 두고
깨끗하게 가셨네

어머니 · 15
―우물

산동네 가운데
돌축대로 쌓아 올린 우물이 있다
하늘 자락이 내려와
별들을 키우고 있어
우주가 숨 쉬고 있다
땡볕 한낮 동안
산도 들도 내려와 목을 축인다
첫 새벽 길어 온 정화수
한 사발 들이키면
온몸에 우주의 향기 감돈다
날마다 두레박으로 물을 길어 올리면
우주는 또 나를 길어 올린다

어머니 · 16
—맨발

맨발이 편하데이
당신의 발바닥은 늘 흙밭입니다

뿌리로 살면서
긴 겨울 얼어붙어 터지고
터지면서 끊어질 것 같았지만
용케도 살아나
가지가 되고 잎으로 피어나
푸른 희망으로 살아갑니다

어둡고 딱딱한 바닥이지만
깊이 내린 뿌리
당신의 중심을
하늘에다 올려놓습니다.

열매가 주렁주렁 매달린

당신의 줄기

춥고 가난했던 흙밭이었습니다

어머니 · 17
―변신

나뭇가지에 매달린
가랑잎 한 잎
매달린 게 아니라
우주를 매달고도 가볍다 못해
제 스스로 바람결에 흔들린다
부질없는 내 생애의 무게를 덜어내면
서늘한 바람 한 줄기
내 몸 구석구석을 헹구어 낼까
뼈 마디마디 사이사이로
설레는 햇살
환하게 지나갈 수 있을까

어머니 · 18
―겨울 한복판에서

산개울 얼음장 밑에
푸른 풀잎 그대로 살아 있다
뿌리도 하얗게 드러낸 채
하늘까지 비치는 투명한 빛깔
내 안에도 저런 빛 한 줄기 키울 수 있을까
우울중 불면증 신경과민증 모두 쫓아내고
겨울 한복판에서 결빙하고 싶다
외롭고 쓸쓸하지만
흐트러지지 않고
빈틈없이 결빙하고 싶다

어머니 · 19
―칼

먼동 트는 새벽 무렵
음식점 가게 문을 연다
쓱쓱 칼을 간다
시퍼런 날이 뜰 때까지
날은 아무나 안 빈데이
생전의 어머니 목소리
메아리져 내 귀를 연다
새벽을 밟고 온 맑은 빛으로
응결된 칼날 위에
실오라기 내 생을 쌓는다
동그란 쟁반에 놓인
맛깔스런 음식
안 된다 혼을 담으래이
날마다 나는 칼을 갈고
칼은 나를 간다

어머니 · 20
―감꽃 필 무렵

새댁 시절
친정에서 접붙인 감나무 한 그루 얻어 와
뒷마당에 심었다
밑둥치에 큰 구멍 하나 뻥 뚫렸지만
지붕보다 두 배쯤 높이 올랐다
허공에 어지럽게 떠 있던 가지마다
연초록 이파리가 겹겹이 쌓인 오월
어느새 한꺼번에
혼으로 피는 노란 감꽃 환하다
한집에 오래 살다 보면
서로가 내통하는지라
내 어두운 마음의 심지를 돋우어
오월을 켠다 집 안이 환하다

제2부 밥상을 위하여

노을 질 무렵 들길 산길
식구처럼 모두 돌아와
당신 품에서 하루를 접는다

어머니 · 21
—노을 질 무렵

자연과 더불어 구십 평생
살도 피도 다 퍼 준 깡마른 몸매
뼈마디 사이사이로
일월이 환하게 지나간다
바람이 숭숭 드나든다
봉접이 앞다투어 날아든다
노을 질 무렵 들길 산길
식구처럼 모두 돌아와
당신 품에서 하루를 접는다

어머니 · 22
―달아 달아

앞산과 뒷산 사이
밤하늘에 높이 걸린
달아 달아
둥근 달은 당신을 품고
당신은 둥근 달을 품었습니다

맑고 깊은 속마음
모 없는 삶
평생토록 빛나는 자전을 거느리고
캄캄한 세상 혼으로 밝힙니다

멀리서 가까이에서
―이심전심以心傳心
늘 우리들을 채우면서 넘치는
영원한 당신

어머니 · 23
— 귀의

가을산 타오르던 불꽃 멈추고
들판을 출렁이던 황금 파도 잦아들었다
사방을 둘러봐도 가라앉은 빈 자리
얼음장 쩡쩡 겨울의 한복판이
가까이 들어서고 있다
열기 떠난 내 빈 몸
단단한 빙벽이 차오르기 시작한다
가슴에 고인 가래를 뱉어낸다
피멍울 삭아지고
찌든 내장에 빛이 솟을 때까지
탕아로 떠돌던 나
올겨울엔 심불로 귀의한
어머니의 세상에서
다시 태어나고 싶다

어머니 · 24
− 호박꽃

양지바른 뒷산 밑
사래 긴 밭두렁에
끈질긴 목숨 보듬고
긴 세월 살아온
어머니 마음으로 피는 꽃
따스한 햇살
혼자서 노란 분칠을 하고
감동에 젖어 핀 저 일색
진한 향기 뿌리면서
불빛 같은 추억으로
밝게 살아가는 일생
꽃이 진 그 자리에
넉넉한 마음 그대로 담아
둥글게 차오르는 호박덩이
 −착하게 잘 크그래이

어머니 · 25
―밥상을 위하여

둥근 밥상을 위하여
빙 둘러앉은 식구들
하루에 세 끼씩 밥상에 오르는 들판
자양분이 넘실거립니다

뿌린 씨앗이 움트고 자랄 때
식구들은 잎새로 피어나 수런거립니다

밥상으로 가는 길
당신의 뿌리는 늘 땅속에 있습니다
내공을 쌓느라
온몸 젖어 있습니다
살아가는 동안
빛보다 그림자를 밟는 날이 많습니다

향일성 줄기를 위하여
밥상에 올릴 들판을 위하여
당신은 늘 젖어야 합니다

어머니 · 26
―수수께끼

한평생 머문 이곳
이제 흙은 당신이고
당신은 흙이 되었습니다

작은 풀잎 하나에도
당신의 기가 흐르는
고요 속의 생동

자연과 내통하는
당신의 신비
아무도 풀 수 없는
수수께끼입니다

어머니 · 27
—박꽃

이른 봄이면
앞뜰 마당 한 모퉁이에
겨우내 얼어붙었던 흙덩이를 부수어
박꽃 씨앗을 뿌리신 당신

비바람 불면
금세라도 훅 날아갈 듯
돌담장을 기어오르는 가녀린 몸줄기
끈질기게 이어 가는 삶을
여름 내내 지켜보신 당신

천 길 물 속에서 막 솟아올랐나
티 없는 저 순결
함초롬히 피어난 꽃송이들
돌담장 위에 하얗게 널려

미지의 꿈을 키웁니다

넉넉한 마음으로
둥글어 오르는 박덩이
고학길 떠나던 내 유년 시절
동구 밖 산모롱이까지 따라와
눈물 글썽이던 모습
모질고 험한 세상
둥글둥글 살어가그래이

오십 년이 지난 시방
추억의 뒤안길 돌아다보면
아직도 풋내 나는 내 생애입니다
당신처럼 박꽃 다시 피는 올해에는
탐스럽게 영글겠습니다

어머니 · 28
―산

오랜만에 귀향하던 날
점점 줄어드는 작은 몸매
견딜 수 없는 외로움에 지쳐 있을
당신께 큰절로 인사하면

아무 일 없다는 듯
어느새 당신은 산이 되고
산은 당신이 되었습니다

자연으로 돌아가
언제나 풀어내는 선문답
죽음도 뛰어넘는
먼 곳에 접한 초연한 삶과 이어진
당신의 끈을 잡고도
지푸라기처럼 흔들리는 내 생명입니다

생가의 밤은 깊어 가는데
어둡게 파인 내 마음 깊은 곳에
당당한 당신 모습으로
큰 뿌리 한 줄기 내려 주소서

어머니 · 29
―봉선화

어린 시절 여름날 저녁
고향 집 돌담 아래
줄줄이 피어나던 봉선화
어둠이 내리면
하늘까지 올라간 어머니 층계
별마다 등을 밝혔다
봉선화 따다
반달 솟은 손톱에 물들여
밤새도록 붉게 붉게
피어났던 누이들
먼 마음 불러온 추억의 뒤안길
몽롱한 나를 환하게 지나간다
봉선화 앞에 서면
예순 넘어선 지금에서야
내 마음도 붉게 취하는구나

어머니 · 30
―가을의 소리

가을의 한복판에 서면
서풍에 묻어오는 숨결 소리
분분하다
몸도 마음도 투명해지는 계절
낙엽 지는 소리
풀벌레 울음소리
산개울 흐르는 소리
나를 통과하고 있다
웬만큼 살다 보니
이제서야 귀가 뚫리는구나
가을의 소리
안테나에 잡히듯
노래가 되고 시가 되는
가을의 한복판에서
나는 황홀하게 취한다

어머니·31
—재생

식구들이 먹다 남긴 음식물 찌꺼기
개밥 그릇에다 붓는다
우리 집 삽살개
단숨에 남김없이 먹어 치운다
그릇 밑바닥을 몇 번이고 싹싹 핥는다
버릴 것이 없다
앞마당 귀퉁이 풀 더미에
삽살개가 늘 똥을 눈다
푹 삭은 거름
논밭에다 뿌린다
녹두 깨 팥 수수 보리
둥글게 익어 가는 낱알마다
버린 것들의 숨결이
꽉 차오른다

어머니 · 32
―흔적

 갓 스무 살 새댁 시절 일본 땅으로 훌훌히 떠나 버린 아버지 오랜 세월 소식이 끊기자 만사를 접고 낯선 길로 접어든 당신 꽃송이로 피어났지만 가랑잎으로 갈아입고 일본군의 칼날 눈길을 피해 이 골목 저 골목 헤매면서 관부연락선 밑바닥에 엎드렸다지요 정 많은 어느 할매의 치마폭에 싸여 낯선 이국 항구에 쓸려 내린 당신 벙어리 행세 행려차림으로 강 건너 산을 넘다가 저물면 꽃잎에 스며들어 눈물 맺힌 밤을 지새울 때 고향 밤하늘의 별들도 당신을 따라왔다지요 열흘 남짓 걸어서 발바닥이 흙밭이 되고 가냘픈 몸 굶주려서 바람 한 줄기 훅 불어도 쓰러지는 당신 신주쿠 오지 광산촌의 석탄 냄새 아버지 향기로 다가왔다지요 하늘만 빠끔히 쳐다보이는 광산촌 골짜기 오두막집 방 한 칸에다 신혼살림을 차렸다지요 불안과 공포 전쟁과 죽음의 땅 수많은 사람들이 추풍낙엽으로 지는 가운데 날마다 막장으로 떠나는 아버지의 손짓이 적막으로 쌓일 때 내일이 없는 오늘 썩은 새끼줄처럼 툭툭 끊어졌다지요 풀죽은 명줄이지만 사랑의 씨앗은 싹터 나를 낳았던 당신 그때만은 야생화로 활짝 피어났다지요 어느 날 천지가 무너지는 소리 천황의 항복 선언이 있던 날 광산촌은 술렁거리고 귀국 보따리가 줄을 이었다 갈 때는 칠흑의 밤바다 돌아올 때는 푸른 물결이 넘실대는 현해탄을 건너는 귀국선을 탔을 때 아리랑 아리랑 당신도 구성진 가락을 연신 뽑았다지요 고향 땅에 뿌리내린 당신의 얼룩진 생애 먼저 가신 아버지 곁으로 영원한 둥지를 튼 당신 올해도 도라지꽃 파꽃 무꽃 텃밭에 가득히 피어나 당신의 흔적으로 파묻져 옵니다

어머니 · 33
―덤으로 산다

사랑하는 일보다
이별할 때가
삶의 뜻이 한층 더 분명해진다

피는 꽃보다
지는 잎 바라보면
생각이 깊은 자만이
절절한 사연을 읽을 수가 있다

기쁨보다
슬픔을 맞았을 때
내 몸 한 마디 더 성숙해진다

찬 하늘 조각달 쳐다보면
내가 가는 길

우주의 순리를 따르게 된다

덤으로 산다는 것
가볍다
맑다

어머니 · 34
―형님의 들판

찬바람 물러가는 겨울의 끝자락
억순이 이웃 형님 간밤에 돌아가셨다
간다 간다 내가 간다 북망산천으로 내가 간다
길 터라 상여 앞머리에 올라탄 소리꾼
절절히도 뽑아낸다
펄럭이는 만장 앞세우고
한 생애가 내려놓은 길을 밟고 간다
한 식구로 살았던 나무들도 새들도 들판도
고개 숙이고 따라나선다
앞산 고갯마루를 넘는 행렬
휘어진 등허리
이제 무거운 짐 부려 놓고
잘 가이소 편히 가이소
산곡을 흔드는 소리꾼의 흐느끼는 가락
산등성이 올라오던 길

메아리로 살아나 되돌아간다
먼 나라 따스한 체온을 품고
내리는 오월의 햇살
형님의 빈 들판을
푸르게 물들이고 있다

어머니 · 35
― 파꽃

늦가을 텃밭 가운데
파꽃이 피어 있다
냉기가 도는 계절
파꽃 향기 산골 가득 번진다
꽃이면서 꽃이 아닌 모양으로
둥글게 말아 꽃술 사이사이
까만 씨앗을 배고 있다
잎새 하나 없는 티 없는 파란 줄기
속은 심금이 울릴 듯 텅 비어 있다
개화의 절정을 내려놓고
마지막 생을 다지는
파꽃 당신
늦가을 텃밭 가운데
허옇게 피어 있다

어머니 · 36
―초승달

누군가 세상에 남긴
발자국 하나
꼭꼭 숨어 있다가
이제야
빛나는구나

어머니 · 37
―폭설

밤새도록 폭설이 내렸다
발목까지 파묻히는 눈 덮인 세상
두어 마리 산비둘기
발자국이 꼭꼭 찍혔다
배가 고팠나
날마다 아침 무렵
한 무더기 날아와
인사를 건네던 비둘기
오늘은 보이지 않는다
고요가 쌓인 새벽 산골을
찌지직 흔들었던 큰 소리
마을 지킴이 뒷산 노송 한 그루
허리가 뚝 부러져
눈 속에 반쯤 묻혔다
산비둘기 제일 먼저 내려와

부음을 전하고 갔다
날짐승이나 나무들
사람이나 살아 있는 모든 것들
산골 마을에서는 식구로 살아간다

어머니 · 38
−산나물

산나물 캐러 뒷산으로 간다
빽빽한 나무 그늘 아래서
질기고 억센 수풀 사이에서
곱고 여리게 자라나는 산나물
시장기가 돌아 너럭바위에 앉았다
주먹밥 내려놓고
금방 캐낸 산더덕 껍질을 벗겼더니
나를 흔들고
너럭바위를 흔들고
온 산을 흔드는 향기
평생 살면서
나는 누구에게 한 번이라도
향기 나는 사람 되어 준 적 있었을까

어머니 · 39
– 궁합이 맞다

산길을 간다
장 보러 가는 날
의원 약방 가는 날
농협에 종자씨 얻으러 가는 날
산길은 먼저 마중 나와 있다
높고 낮고 꾸불꾸불한 산길
외골수인 나는 바른 길을 좋아하나
평생을 동행하면서 걷는다
세상사 이야기를 주고받으며
속마음 드러나도 부담이 없는 길
찬바람 눈비 맞아 비틀어진 내 생애
넘어지지 않고 중심을 꽉 잡아 주는 길
산길은 나를 품고
나는 산길을 품는다
궁합이 맞다

어머니 · 40
―난과 나 사이

툇마루에 난 한 분
몇 년째 꽃 한 번 피우지 못한 채
쓸쓸히 자리를 지킨다

늙어 가는 내 몸 야위어 비틀어질 때
나를 열고 들어와
잔잔한 물소리 바람으로 흐르면
휘어진 등허리가 서늘하다

침묵과 겸손이 속 깊이 배어
미동도 없지만
마주칠 때는 서로의 대목을
눈으로 읽은 지가 오래전 일이다

세상길 어지럽게 헝클어져

헤매는 사람 많아도
난과 나 사이
푸르고도 싱싱한 길
환하게 열려 있다

제3부 물레

끊어질 듯 이어지는
명줄을 잣는다
둥글게 둥글게 살아온
당신의 윤회

어머니·41
―바느질

평생토록 해진 삶을
촘촘하게 깁는 당신
세상을 마름질하여
환하고 반듯하게 펼친 공간
풍운이 몰아쳐도
빗나가지 않는 길
깊은 마음속에
감아 두었던 실꾸러미입니까
늘 팽팽한 당신의 생애
끊어지지 않습니다
헝클어지지 않습니다

어머니 · 42
―고운사 가는 길

이십 리 산길 어머니 따라가
밤샘 기도하던 내 열 살 적
까까머리 쓰다듬어 주시던 큰 스님
저세상 가서도
육신 풀어 성불하셨네
노송 나뭇가지 사이
떠 있는 흰 구름 속
맑게 비치는 높은 정신
수묵화로 피어났네
오늘은 백지로 귀의하여
고운사로 간다
찌들어 해진 내 생애
지우면서 간다

어머니 · 43
−후회

새벽잠 깨고 보니
하얗게 내린 안개 자락
높다란 앞산 품고 있었네
진작부터 내 마음
부드럽게 풀어졌다면
우주를 품고도 헐렁했을 텐데

어머니 · 44
― 고향 옛집

골이 파인 초가지붕
휘어져 내린 네 귀에
구김살 없는 파란 하늘이
그대로 걸려 있다
뼈대만 앙상하게 드러난 옛집
앞뒤 뜰 다투어 자란 무명초 향기에
듬뿍 젖어 있는 빈 집
주인이 따로 없다
벌 나비 새 개미 다람쥐들이
입주한 세상으로
모든 길은 열려 있다
자전도 하루에 한 번씩
들렀다 가는 고향 옛집
땅거미가 짙게 내릴 무렵
일 나갔던 어머니의 길들이

모여들고 있다
대문을 활짝 열어 놓아야지
별들이 등을 켠
어머니의 서녘 하늘
환하다

어머니 · 45
—물레

희미한 등잔불 켜 놓고
밤이 이슥토록 물레를 잣는다
손 끝에 이는 잔잔한 파문
미리내 건너
하늘 한 바퀴 빙 돌아서 온다
끈질긴 생의 숨결을 앞세우고
끊어질 듯 이어지는
명줄을 잣는다
둥글게 둥글게 살아온
당신의 윤회

어머니 · 46
―의자

뜨락에 어머니의 유산
낡은 목조 의자 하나 놓여 있다
날마다 고단한 내 삶의 무게를
내려놓지만
우주의 중심을 잡고
한 번도 삐끗하지 않은 의자
때론 으스러진 내 몸 추슬러
단단한 접골이 되어 준다
이제 나도 웬만큼 살았으니
누군가의 의자가 되고 싶다
동네 어귀 살아 생전 어머니의 쉼터
하반신 관절이 삭아 내려
구멍 뻥 뚫린 줄도 모르고
오랜 세월 버티고 서 있는
저 고목의 의자가 되고 싶다

어머니 · 47
―시인의 나라

아들에게 시를 쓸 수 있는
영혼을 내려 주신 어머니
날마다 가신 걸음
따라가 봅니다
눈이 부시도록 무꽃 밝게 핀
밭고랑 사이로
김을 매는 당신
꽃인 듯 봉접인 듯
―점입가경
은밀한 언어로
서로가 내통한다
시인의 나라로
이주한 어머니

어머니 · 48
―산골역

안개 서린 산자락 끝에
빛 바랜 흑백사진처럼
쓸쓸하게 서 있는 산골역
긴 세월 지키면서
만날 수 없는 평행선 위로
우리들의 삶을 떠나보낸 사연
눈물에 얼룩진
어머니의 일생
플랫폼은 외로워도
기적 소리에 실려오는 설레임은
사랑이런가
희망이런가
기다림에 지쳐
뜬눈으로 밤을 새는
산골역

어머니 · 49
―무명 한복 갈아입고

이끼 핀 고가
문풍지 사이로
가느랗게 새 나오는
희미한 불빛
엷어진 어머니의 삶
바늘귀로 뽑아낸
고난의 긴 세월 거느리고
청풍명월로 살으신 어머니
오늘은 무명 한복 갈아입고
때묻은 나를
밤새도록
걸러 내겠습니다

어머니 · 50
―유언

내 죽거들랑
아무것도 남기지 마래이
남은 것은 한 줌의 재
뿌리면 끝나는 줄 알았습니다
오랜 세월 흘렀지만
아직도 그 유언을
풀어내지 못하고 있습니다
살아 생전 열반의 문지방을
바라보고 계셨을까
용돈 몇 푼 드리고
고깃국 한 그릇 더 끓여 드리면
효도인 줄 알았습니다
당신의 노후 설계를
전혀 눈치채지 못한
때묻은 불효자식을 용서하십시오

어머니 · 51
— 불씨 한 점

뒷산 어둠이 내릴 무렵
굴뚝으로 오르는 연기
밥때를 맞춰 새들도 노래를 멈췄다

관솔가지 타오르는 불꽃
환하게 퍼지면서
살아 있는 자들의 가슴을 데운다

냉기 찬 하늘의 별들
가깝게 내려와
몸을 데우면서 빛난다

이다음
내 가슴에 불씨 한 점 품고
저세상으로 가고 싶다

어머니 · 52
—대숲

대숲 속에 서면
대숲은 잔잔한 바람이어라
병골인 내 몸을
늘 말끔하게 씻어 내린다
허공에다 댓잎 한 줄기 치는 순간
나도 번지면서
푸른 줄기로 솟는다

어머니 · 53
―겨울 잔해

낮고 느린 맥박으로
조용히 내리는 겨울
새들이 떠난 빈 나뭇가지들
찬 하늘에 쓸쓸하게 걸려 있다

몸을 낮춘 들판에도
들떴던 곤충들의 나래 소리
뚝 끊어졌다
떨어진 야생화 꽃잎이
수신 불명의 편지 봉투처럼
고요와 함께 산자락에 쌓여 있다

사방을 둘러봐도
겨울은 간결하고 투명하다
나를 지배하는 주문도 쫓아내고

고인 가래 뱉어낸 빈 몸
빙벽으로 서고 싶다

아무것도 걸칠 것 없는
겨울 잔해를 나는 좋아한다
춥고 가난하지만
감출 것도 부끄러울 일도 없으므로

어머니 · 54
―포도밭에서

한여름의 포도밭 싱그럽게 익어 간다
산골 마을 부지런한 청년
풍년을 예고한다

검붉게 그을린 얼굴
깊고 그윽한 향기 나는 청년
포도알로 통한다

우주의 정기를 머금고
햇살과 산소와 물길로 살면서
건네 왔을 포도줄기

세찬 비바람에도 끊어지지 않고
마디마디 뻗어 올려
잎새마다 둥글어 오른 포도송이 탐스럽다

아름다운 청년
푸른 포도 덩굴로 뻗어 올라라

어머니·55
―봄밤

물오르는 봄밤에는
서로가 몸을 섞는다
풀잎은 풀잎끼리
나무는 나무끼리
산은 산끼리
푸르도록 섞는다
물오르는 내 몸에는
풀 냄새가 난다
나무 냄새가 난다
산 냄새가 난다

어머니 · 56
―갈대

산자락이 멈춰 선 개울가
갈대 한 무더기 모여 살고 있다
비운 몸 겨울 한가운데 드러내고
안으로 치밀어 오르는 분노를 삼키면서
서로가 부대껴도 그대로 선 채
남의 땅 범치 아니한다

여름내 하늘을 우러러 피워 올린 꽃술
말라 비틀어져 어지럽게 흩날리면서
모진 한 줄기 생을 붙잡고 있다

세찬 칼바람 맞으면서도
꺾일 줄 모르는 대찬 생애
껍데기로 살아온 당신
갈대의 길 함께 가고 있다

어머니·57
―산개울

높다란 뒷산
켜켜이 쌓인 어둠을 뚫고
흐르는 산개울

밤마다 베갯머리 스며들어
오장육부를 지나
마른 관절을 적신다

온몸 푸르게 푸르게 젖으면
몸마디마다 뿌리내린
물오른 가지에 산꽃이 핀다

어머니 · 58
―근황

늦가을을 읽으면서
가랑잎이 우수수 지고 있다
당당하던 앞산 봉우리도 뼈대만 남기고
움츠린 채 내려오고 있다

내 몸도 마음도 지고 있다는 것을
스스로에게 고한다
내 영혼이 지워지기 전에
차마 떨쳐 버릴 수 없는 것들

주춧돌에 지문으로 찍을까
텃밭에 눈물로 심을까
뼛속 깊이 묻었다가
이다음 저세상 갈 때
사리로 남길까

여름 내내 나를 붉게 붉게 물들였던
돌담 아래 봉선화
까만 씨앗을 터뜨리고는
마른 꽃대를 내려오고 있다

늦가을엔 모두가
무엇을 남기고
제각기 어디론가
바쁘게 떠나고 있다

어머니·59
—장날

장날이 서는 읍내로 간다
봇짐이 무거워도
마음만은 장터로 앞서 가 있다

한나절 지날 무렵
둥둥 뜨는 선술집 취기가 돈다
이모 외삼촌 어느새 둥둥 뜨고 있었다
낭랑한 가락은 물살로 파문 져
젖는다 서로를 적신다

가뭄이 타는 논바닥에
물이 번지듯이
심장을 거쳐 마른 정강이로 퍼져 내린다

처진 어깨들

하늘과 땅 사이 출렁거리는 장날
서산마루에 내린 석양이 곱다

어머니 · 60
―부엌에서

어둠침침한 부엌에서
저녁밥 짓는다
잡곡밥 앉힌 무쇠 뚜껑 열면
장작 불빛에 어스름 비치는
둥근 밤하늘
별이 총총 떠 있다
날마다 별을 드셨기에
세월이 흘러도
초롱초롱한 당신

제4부 누에의 길

흙으로 가신 어머니
텃밭으로 내통하는
환한 길 열어 놓았다

어머니 · 61
—찔레꽃

봄날 들길로 간다
군데군데 피어난 찔레꽃 송이
동네 아이들 얼굴의 마른버짐 같다

억센 가시를 안으로 품고
스스로를 다스렸기
쏟아 내는 빛과 향기 유별나다

순결과 미덕을 앞세우고
아무도 보이지 않는 허공을
일찍부터 선점하였구나

춘궁기에 만개하는 찔레꽃이 그립다
배고픈 들판도 나도
듬뿍 취할 수 있으므로

어머니 · 62
—장독대

뒷마당 양지바른 모서리에
장독이 놓여 있다
장 담그는 날
대문에다 금줄을 쳐 놓았더니
산까치들 떼 지어 날아와
장독 위를 빙빙 돌고 있다
잡티 가셔 낸 몸과 마음으로
장을 담그면
당신을 따라온 밀밭 고추밭 콩밭도
어느새 장맛으로 익어 간다
모자라지도 넘치지도 않는
당신의 항아리들
오손도손 둘러앉은 식구가 되어
긴 세월 흘러도
흐트러지지 않는 가풍을 지킨다

어머니 · 63
―목화밭

목화밭 하얗다
조선의 얼을 품고 살으셨기
하얗게 핀다
말라 비틀어진 당신의 줄기에
혼으로 피는 목화 송이
저승꽃 검푸르게 번진 당신의 얼굴
이맘때쯤이면
더욱 환하다

어머니 · 64
―거미와 나

지붕 처마와 감나무 가지 사이
네 귀 보자기만 한 수평에다
거미줄 쳐 놓았다
나는 외길을 살아왔지만
세상 아무 데나 드나드는
수많은 거미의 길
한 치의 오차도 없는 설계
비바람 몰아쳐도 끊어지지 않는다
아침저녁 마주치다 보니
끈끈한 정이 들었다
살아가는 동안
몇 번이나 일탈한 나의 길
거미줄과 교직하고 싶다

어머니 · 65
―빈자리

산과 언덕 길과 들판
이 땅 어디서고
한 치의 빈자리
자유롭게 드나들 곳이 없다
지번마다 소유주 이름이 붙어
비집고 들어갈 틈이 없다
자연으로 돌아가라
무엇이 되어 돌아가야 할까
물이 될까 바람이 될까
비가 될까 구름이 될까
아 내게는 영원으로 돌아갈
자리가 있다
어머니의 품

어머니 · 66
―봄 텃밭

겨우내 깊게 얼어붙었던
땅거죽을 몇 꺼풀 벗겨 낸다
볼그스름한 흙의
속살을 보듬고
숨 쉬는 텃밭

흙 묻은 생을 앞세운
어머니의 뿌리
발바닥은
흙밭이었을 것이다

해마다 이른 봄
노란 싹으로 깨어나
가녀린 줄기와 동행하면서
식구들을 위하여

푸른 날을 가꾸었을 것이다

흙으로 가신 어머니
텃밭으로 내통하는
환한 길 열어 놓았다

어머니 · 67
―여름 텃밭

오랜만에 찾은 고향
어머니 가신 후로
텃밭은 묵어 있다

부서진 그루터기 아랫도리에
돋아난 새순 손바닥만 하게 자란
여름인데도 마음은 춥다

싱싱한 줄기로 살아온 식구들
제각기 잔뿌리로 흩어져 갔다

억센 잡풀 사이사이
청초한 도라지꽃
대가 끊어지지 않았구나
한 점 흐트러짐 없는 고고孤高

먼 어머니

내 가슴 밑바닥에
큰 뿌리 한 줄기 내리고 있다

어머니 · 68
―가을 텃밭

모두가 떠나는 상강 무렵
우주의 정기 내린
한 톨의 씨앗 속에도
어머니의 숨결
그대로 배어 있다
내 생애의 쭉정이는
언제쯤 영글 것인가
모두가 떠난 가을 텃밭에
미숙한 내 뿌리를 묻고
소생하는 봄을 기다린다

어머니 · 69
―겨울 텃밭

눈 덮인 겨울 텃밭
귀의한 불심
비어 있으면서도
가득하다

어머니·70
―누에의 길

아래채 빈 방
누에 발 쳐 놓았다
첫잠 깨고 난 어린 누에들
푸른 희망을 먹고 사는 식구가 되었다

둔감한 몸 오그렸다 폈다
수천의 제 갈 길 찾아나선다
빗나가지 않는 푸른 길
꿈꾸면서 간다 젖으면서 간다

길이 끝나는 곳
무거운 짐 내려놓고
정갈하게 비운 몸
푸른 꿈의 실마리를 풀어낸다
곱게 열리는 당신의 비단 길

어머니 · 71
―빛입니까 불심입니까

날마다 산빛으로 깨어나는 당신은
동녘에서 솟는 신새벽입니다
늙을수록 가진 것 없는
조그마한 몸매에서
정갈하게 쌓이는 것은
빛입니까 불심입니까

생목 냄새 가득한 산골짜기
물소리 하늘까지 번지다가
은은한 가락으로 돌아와
당신을 넘쳐납니다

인고의 긴 세월 뿌리내린
이마 위로 깊게 파인 주름살
보리밭 이랑

푸른 내음 바람결에 묻어옵니다

해 질 무렵
붉게 타오르는 노을
맑은 꿈이 서린
당신의 길
빛입니까 불심입니까

어머니 · 72
―농무

산골 마을 풍년제가 열리는 날
일손 놓고 마음 풀어내는
구릿빛 얼굴들의 한마당 사물놀이
징소리 북소리 꽹과리 소리 장고 소리
흩어질 듯 모이고
끊어질 듯 이어지는
수천의 소리
홀아비 순이 아빠도
청상과부 돌이 엄마도
춤판을 돌면서
서로의 먼 마음 비추인다
빙빙 도는 상모
산들도 하늘도 내려와
신나게 돈다
풍년제가 열리는 날

한이 물러난 자리
온종일 환희에 젖은 마을
서산마루에 내리는 노을이 곱다

어머니 · 73
―청바위에 팔다

 열 살 적 휘영청 달 밝은 저녁 개울로 나가 온몸 씻고 돌아온 나는 그날 밤 일찍이 잠자리에 들었으나 어머니께서는 저녁 늦게까지 상을 준비하느라 밤잠을 설치셨다 다음 날 아침 일찍 무명 한복 곱게 갈아입고 음식 보자기를 양손에 든 어머니를 따라 뒷산 중턱에 자리잡은 청바위를 찾아갔다 연초록 풀잎들이 수런거리고 야생화들이 다투어 꽃망울을 터뜨리는 삼짇날 쬐끄만 내 몸도 허물을 벗고 따스한 봄기운에 흠뻑 젖었다 초가삼간 우리 집보다 더 큰 청바위 무릎 아래 한지를 펴고 시루떡 삼실과 막걸리잔을 차려 놓고 촛불을 켰다 비나이다 비나이다 어린것 맡겼으니 품 안에 꼭 안아 주이소 흔들리지 않고 아무 일 없이 무럭무럭 자라도록 보살펴 주이소 비나이다 비나이다 부초로 떠돌던 나는 가끔씩 고향 집을 찾는다 하루에도 몇 번씩 뒷산을 올려다보면서 깊은 생각에 잠기셨던 어머니 이제는 늘 다니던 길 발자국도 비바람에 묻혀 지워진 지 오래다 먼 하늘의 문턱을 넘어 별빛을 밝히면서 세상길 밟고 오실까 초로에 접어든 내 몸 군데군데 허물어지고 찬서리 맞은 풀잎으로 가라앉을 때 실금 하나 번진 흔적 찾을 수 없는 청바위 푸른 빛 두르고 정좌하고 있다 우주의 기를 꿰뚫었을까 부처의 마음을 섭렵하였을까 거기 어머니 아직도 무릎 꿇고 앉아 계신다 비나이다 비나이다 지금도 나는 청바위를 읽어 내지 못한다 흔들리는 내 마음속에 청바위가 자리 잡고 있음을 어머니 이제야 조금은 깨달았습니다

어머니 · 74
―가슴에 와 닿는 길

가슴에 와 닿는다는 말
세월이 지날수록 들을 때가 뜸하다

사람과 사람 사이
오가는 길이 헝클어졌을까

가슴에 와 닿는 일이 없어
흙길 버리고
외지로 떠난 사람들

산토끼 개미 산노루 쇠똥구리 다람쥐
지적도에도 사라진 이 길을 접수하였다

진종일 드나드는 발자국
묻힐 겨를도 없이 분주하다

나도 함께 드나든다
가슴에 와 닿는 길

어머니 · 75
―수묵화

여름 한나절
구름 위에 떠 있는 산골 마을
구름은 수평을 데리고 다닌다
구름으로 떠다니는 하늘 길
산도 들도 함께 하늘 길로 올라왔다
여름 한나절
수묵화로 피어난 산골 마을

어머니 · 76
―봄비

산 들판 개울이 기지개를 켜는 길목
봄비가 내린다
가늘고 부드러운 숨결 앞세우고
우주를 건너온 봄비
실날 같다
누에의 길을 밟고 왔나
허공의 나뭇가지 땅속의 씨앗
일렁이는 풀잎 사이로
푸른 길 열어 준다
따순 촉감으로 내리는 봄비
텅 빈 나를 짜고 있다
가라앉은 들판을 짜고 있다
풀기 죽은 산을 짜고 있다

어머니 · 77
―보금자리

섬돌 밑 구석진 자리
벌레알 한 무더기
하얗게 슬어 놓았다
금세 깨어날 듯
천지의 기가 어려 있다
세상에서 가장 편한 보금자리
당신의 공간에
용케도 찾아든 저 미물들

어머니 · 78
―멱을 감으면서

논 개구리 개골개골 울어 대는 여름날 저녁
동네 앞 뚝방 너머로 산개울이 흘러간다
보름달이 내려와 멱을 감는다
일렁이는 물살 둥글어 퍼지는 곡선
속마음까지 환하게 비친다
아리따워라 천사가 따로 없구나
껍데기만 남은 내 몸
물살이 주름살로 퍼져 쭈글쭈글하다
저 달 바라보면서
둥글게 둥글게 살아가리라

어머니 · 79
—어린 참새를 위하여

며칠 전부터 초가 추녀 끝 참새 집이 분주하다
갓 태어난 새끼 몇 마리
아침 일찍부터 재잘거린다
마당을 쓸고 있을 때
새끼 한 마리 떨어져 파닥인다
에미인 듯 보이는 참새
마당 위를 빙빙 돌며 애타게 지저귄다
노란 부리에 한 오라기 깃털도 없는 맨살 그대로다
안방 아랫목에 데려다 천으로 몸을 감싸 주었다
물종지에 부리를 잠시 대는 척하다가 금세 몸이 가라앉는다
낮 종일 눈만 떴다 감았다 하면서 미동이 없다
그날 자정 무렵 숨을 거두고 말았다
뒷마당 양지바른 담 아래

명주 조각에 고이 싸서 묻었다
그날 이후 밤마다 방문 앞에서 나래 치는 소리
쉴 새 없었다
밤바람이 싸늘하다
춥겠다 얼런 들어와
천도재라도 지내야겠다
뒤돌아보지 말고 얼런 가그래이
훨훨 날아가그라
저세상 가서 못다 한 꿈 펼치그라
고해를 무사히 건넸을까

시를 쓴답시고
내 언제 저런 절절한 사연을
가슴에 담아 본 적 있었나
그러니 시가 울림이 없지

어머니·80
―연못

산골 좁은 들 가운데
동그란 연못 하나 자리 잡고 있다
사랫길 드나들다
잠시 머물러 숨을 고른다
한여름 가뭄에 지쳐
구겨진 몸과 마음
엷은 한지에 먹물 번지듯
어느새 수묵화로 피어난다
연못은 내 마음속에
늘 고여 있다

어머니

발행 I 2014년 1월 27일
지은이 I 권오견
펴낸이 I 김명덕
펴낸곳 I 한강출판사
홈페이지 I www.mhspace.co.kr
등록 I 1988년 1월 15일(제8-39호)
주소 I 서울시 종로구 인사동 131번지 파고다빌딩 408호
전화 735-4257, 734-4283 팩스 739-4285

값 10,000원

ISBN 978-89-5794-274-1 04810
　　　978-89-88440-00-1 (세트)

※저자와의 협약에 의해 인지는 생략합니다.
※잘못된 책은 바꾸어 드립니다.